Katharina Kampen & Simba

DAS HAUS DER GESTRANDETEN SEELEN

Ganze Weltalter voll Liebe
werden notwendig sein,
um den Tieren ihre Dienste und
Verdienste an uns zu vergelten.

Christian Morgenstern

Katharina Kampen & Simba

DAS HAUS DER GESTRANDETEN SEELEN

An- und Einsichten eines Straßenkaters

Alle Fotos privat

Bibliografische Information der Deutschen Nationalbibliothek:

Die Deutsche Nationalbibliothek verzeichnet diese Publikation in der Deutschen

Nationalbibliografie; detaillierte bibliografische Daten sind im Internet über

< http://dnb.d-nb.de > abrufbar

Herstellung und Verlag:

Books on Demand GmbH, Norderstedt

ISBN: 978-3-8370-5390-6

Das kleinste Katzentier

ist ein Meisterstück.

Leonardo da Vinci

Hey, ich bin Simba!

Wow! Etwa *der* Simba?, werdet ihr fragen. Und ich werde mich einen Moment lang in dem Gefühl sonnen, für den berühmten Kronprinzen des Königs aller Löwen gehalten worden zu sein.

Ganz so stimmt das nämlich nicht. Noch nicht. Denn wenn ich einmal groß bin, werde ich immerhin der berühmteste König aller Tiger sein! Zumindest aller Stubentiger. Und zumindest von ganz Hassel.

Hassel heißt das Dorf, wo ich vor ungefähr drei Monaten eine echt tierische Familie fand, die mich als jüngstes Mitglied in ihr Haus der gestrandeten Seelen aufnahm.

Als ich ankam, kriegte ich aber zuerst mal einen riesigen Schreck. Neugierig, wenn auch – zugegebenermaßen – etwas, na ja, vorsichtig entstieg ich meinem Transportkorb, wo ich während der Fahrt vom Tierschutzverein hierher ein kleines Nickerchen genommen hatte, und blickte unmittelbar in zwei Paar riesige Augen, die in zwei noch riesigeren Köpfen steckten, aus denen hechelnde Zungen nur darauf warteten, mich hineinzuschlürfen. Vermutlich zögerten die beiden Monster nur noch, weil sie sich nicht entscheiden konnten, wer von ihnen zuerst zubeißen sollte.

Es war ein furchterregender Anblick, der selbst den gestähltesten Tiger zum Erschlottern gebracht hätte, da bin ich sicher.

Inzwischen weiß ich natürlich, dass man diese Ungeheuer Hunde nennt, aber in meinem zarten Alter von gerade mal zehn Wochen waren mir solche Ungetüme noch nie begegnet. Und falls doch, so habe ich die Erinnerung daran wohlweislich verdrängt. Denn als ich nur einen knappen Monat nach meiner Geburt ziemlich einsam und ziemlich verlassen durch die Straßen von Buxtehude stolperte, kreuzte vermutlich alles Mögliche meinen Weg, aber diese meine früheste Kindheit fällt noch in das nebulös-verschwommene Reich erster gedächtnisbildender Nervenverknüpfungen.

Jedenfalls klärten mich ein paar Wochen später erst meine Katzenbrüder und –schwestern im Pflegeheim des Tierschutzvereins, wo ich zunächst mal landete, darüber auf, dass ich mitten in Buxtehude einem zweibeinigen Chinesen vor die Füße gelaufen war, der sich erbarmte, mich anstatt in seinen Kochtopf (man hört da gruselige Geschichten ...) in besagtes Tierheim zu stecken.

Aber zurück zu meinem ersten Tag in der neuen Familie.

Diese beiden Rüpel, die mich da „begrüßten", schienen so 'ne Art Türsteher zu sein, die darüber befanden, wer rein durfte und wer nicht. Der eine war von so eierschalenweißer Farbe, hatte einen quadratischen Schädel und guckte irgendwie nervös, während der andere, fast komplett schwarze, mich aus schmalen Augen verdächtig ruhig fixierte. Und da sie beide nicht nur mindestens zwanzig mal größer, sondern vermutlich auch zwanzig mal schneller waren als ich, probierte ich es erst gar nicht mit Weglaufen, sondern ging frontal zum Angriff über. Mit dem schauerlichsten Fauchen, das ich zustande brachte, fuhr ich sämtliche Krallen aus und schlug in alle Richtungen wild um mich. Messerscharfe Säbelchen zerschnitten die Luft.

Und was soll ich euch sagen? Ich hätte es ja selbst nie geglaubt, aber es funktionierte! Die Monster legten den Rückwärtsgang ein. Das ließ mich wenigstens etwas Hoffnung schöpfen – wenn es auch leider nicht lange währte, bis sie mir ihre zitternden Lefzen erneut entgegenstreckten. Aber inzwischen hatte ich Zeit gewonnen, und diesen Vorsprung nutzte ich zur Flucht hinter ein Klavier, wohin mir die beiden aufgeblasenen Riesenhechler nicht folgen konnten.

Taktisch gesehen war diese Vorgehensweise geradezu brillant, und ich konnte sie in den darauf folgenden Tagen noch mehrfach erfolgreich zum Einsatz bringen.

Zugegebenermaßen hätte ich in meinen Verstecken – ich fand bald noch ein geeignetes hinter einer Dielenbank – ziemlich lange ausharren müssen, wenn ich jedes Mal darauf gewartet hätte, bis die Hunde endlich eingeschlafen waren.

Ich habe aber noch nicht von unseren beiden zweibeinigen Rudelchefs erzählt, die der Gattung Mensch angehören.

Kathy und Julius also griffen mir im wahrsten Sinne des Wortes unter die Arme, indem sie die Hechelzungen in Schach hielten, während sie mich auf die Waschmaschine hinauftrugen, wo sie mir eine köstliche Mahlzeit bereitet hatten. Das Schönste war: Die beiden Hechler mussten zugucken! Wenngleich ich mir anfangs nicht ganz sicher war, ob sie da nicht doch plötzlich heraufgesprungen kamen. Und allein diese Vorstellung kann einem schon mal den Appetit verderben – selbst mir, der ich, solange ich denken kann, eigentlich immer stechenden Hunger habe.

Ein bisschen nervös war ich also schon, trotz der verlockenden Essensdüfte vor meiner Nase, als plötzlich ein Wunder geschah. Eine Küchentür, die in den Garten hinausführt, öffnete sich, und herein und in beneidenswert elegantem Sprung zu mir herauf kam ... Nala.

Ja, Nala, die bewundernswerte Prinzessin und spätere Königin der Löwen. Na ja, in unserem Falle eben wieder der Tiger. Ich war geblendet von ihrer Schönheit, ihrer Größe und Stärke und so was von erleichtert, dass in meinem neuen Zuhause offensichtlich doch nicht bloß Hunde regierten. Nala ist nämlich schon erwachsen, hat einen riesigen Erfahrungsschatz und ist nicht durch das Geringste aus der Ruhe zu bringen. Sie ist zauberhaft dunkelgrau getigert mit schneeweißer Blesse und weißen Pfoten, deren Ballen wie ihre Nase ganz schwarz sind. Ein bisschen sehen wir uns ähnlich, nur ist

mein Tigerfell silbrig-grau, meine Nase halb schwarz, halb rosa und meine Sohlen unter den weißen Samtpfötchen zart rosig.

Seelenruhig nahm Nala, die Schöne, ihre Mahlzeit ein, was auch mich gleich ein wenig sicherer werden und meinen grenzenlosen Appetit wieder spüren ließ, und sprang dann – ich traute meinen Augen kaum – den beiden noch immer erwartungsvoll zu uns hinaufhechelnden Monsterzungen genau vor die pechschwarz glänzenden Nasen. Beinahe hätte ich mir mit einer Pfote die Augen zugehalten, um nicht mit ansehen zu müssen, wie meine Katzenschönheit, die mich eben erst mit einem flüchtig hingehauchten

Ohrlecken begrüßt hatte, zerbissen, zerfetzt und verspeist würde, aber ich war wie erstarrt. Und dann passierte das Merkwürdige: nämlich nichts. Die Hechler nahmen sie überhaupt nicht zur Kenntnis! Die schienen wahrhaftig nur Interesse an *mir* zu haben, obwohl an meiner Wenigkeit doch bei weitem nicht so viel Nahrhaftes dran war. Dem scheinbaren Frieden war keinesfalls zu trauen; die Sache musste sehr vorsichtig beobachtet werden ...

Nala, die Arme, Sanfte, von ihrer früheren Familie kaltblütig aus dem Fenster Geworfene, verschwand also erst einmal wieder, und zurück blieb mir ein kleiner Stich im Herzen, denn ein bisschen erinnerte sie mich auch an meine Mama, deren verschwommenes Bild ich mit aller Kraft versuche in mir festzuhalten. Aber es ist wie ein Irrlicht und leuchtet mal hier und mal dort und manchmal gar nicht.

Vorerst konnte ich froh sein, dass wenigstens auf die Zweibeiner in meinem neuen Heim Verlass war. Ihre streichelnden Hände trugen mich zum Essen und zum Schlafen und hielten die beiden Hechelzungen in Schach.

Am Ende dieses aufregenden ersten Tages war ich so müde, dass ich tief und fest und ganz dankbar im Bett meiner neuen Menschen einschlief und es mich nicht einmal mehr aufregen konnte, dass das schwarze Hundeschlappohr nur durch wenige Zentimeter breite Menschenbeine getrennt neben mir lag. Und wenn ich mich reckte, was ich lieber nicht zu oft tat, konnte ich sehen, dass sich das weiße Schlappohr in voller Länge direkt vor dem Bett ausgestreckt hatte.

An den Ohren scheint man übrigens ziemlich genau erkennen zu können, um was für eine Art Wesen es sich handelt: Die Menschen haben unscheinbare, angelegte Flachohren, wir Katzen tragen wunderschön geformte, stets aufmerksame Spitzohren und die Hunde scheinbar immer so'n bisschen dösig herunterhängende Schlappohren.

Jeder Fluchtweg war mir nun also abgeschnitten. Und von Nala, der Schönen, weit und breit keine Spur.

Aber flüchten wollte ich gar nicht mehr. Abgesehen von den Hechelzungen war das neue Zuhause wirklich kommod. Und die würde ich auch noch in den Griff kriegen, denn ich würde ja wachsen und wachsen und stärker und immer stärker werden. Zu essen gab's reichlich, mein Appetit war ungebrochen – daran sollte es also nicht scheitern.

Ganz so lange brauchte ich aber dann doch nicht zu warten. Ziemlich schnell kriegte ich nämlich heraus, dass die beiden hechelnden Angeber in Wahrheit genauso gestrandete Seelen waren wie ich. Und eigentlich ziemlich nett.

Sie begannen bald, mir ihre Geschichten zu erzählen.

Der fast schwarze Hechler heißt Ufuk, was, wie er hochnäsig betonte, ein türkischer Name ist und übersetzt „Horizont" bedeutet. Er selbst komme nämlich aus der Nähe von Antalya in der Türkei, was ich echt cool fand. Allein, dass in der Hauptstadt Ankara eine Universität nach ihm benannt sei, wie er behauptete, hielt ich doch eher für ein Gerücht. Mittlerweile weiß ich, dass seine Angeberei nur vorgetäuscht ist. Ufuks Kindheit war nämlich viel schlimmer noch als meine. Straßenkater in Buxtehude zu sein, ist schon nicht ganz leicht, aber Straßenköter in der Türkei, das steht wirklich auf einem ganz anderen, weitaus schmuddeligeren Blatt.

Auch Ufuk erinnert sich kaum noch an seine Eltern, umso besser aber an große Schmerzen in seiner rechten Pfote, die ihm durch das grausame Werk mancher Menschen in seinem Heimatland gebrochen wurde. Wie das genau passiert ist, darüber will oder kann er nicht reden, aber die große Narbe an seinem rechten Vorderbein spricht eine deutliche Sprache. Jedenfalls ist auch er irgendwann in einem Tierheim gelandet, was in der Türkei eher selten und längst nicht so komfortabel ist wie hier in Deutschland. Er lebte dort in großer Hitze mit anderen Hunden, vielen Katzen und einem Esel zusammen in einem staubigen Gehege. Meryem, seine türkische Lebensretterin, gab ihm zu essen und zu trinken und einen Namen, aber für die für alle Lebewesen so wichtige Zuwendung, für Trost und Liebe fehlte ihr einfach die Zeit. So kam es, dass Ufuk, als ihn eine Tierschutzorganisation mit dem schönen Namen „Sundogs" (übersetzt heißt das Sonnenhunde) nach Deutschland holte, nur noch den Tieren vertraute, aber keinem einzigen Menschen mehr.

Zitternd und ganz zusammengekringelt war er tief in seiner Fly-Box, in der man ihn aus dem Flugzeug trug, kaum zu sehen, und als wohlmeinende Menschenhände ihn daraus befreien wollten, ist ihm vor lauter Angst sein Pipi einfach so hineingelaufen. Geheult oder gewinselt hat er nicht, das hatte man ihm in den schmutzigen Straßen von Antalya schon sehr früh ausgetrieben.

Ich kenne ihn inzwischen ganz gut, und doch habe ich ihn höchstens mal einen tiefen, leise schluchzenden Atemzug machen hören, wenn er traurig war. Er muss wirklich Schreckliches durchgemacht haben, und ich gestehe, dass mir Tränen in die Augen stiegen, als ich das alles hörte.

Noch kein ganzes Jahr alt, kam Ufuk in dem ihm fremden Deutschland zu einer ruhigen und verständnisvollen Pflegefamilie nach Bergisch-Gladbach bei Köln, in der außer zwei lieben Menschen auch noch andere Hunde und Katzen wohnten. Doch obwohl sich alle große Mühe mit ihm gaben, behielt er seine schüchterne, ängstliche und ernste Art.

Bis nach weiteren sechs Wochen ein Wunder geschah.

Eines warmen Augustsonntags reisten Kathy und Julius, unsere neue Menschenfamilie, an, und plötzlich fühlte Ufuk, dass er mit diesen beiden wieder Vertrauen in sein bis dahin so tristes Leben kriegen könnte. Zaghaft legte er sich auf Kathys Füße, und kurz darauf stieg er bereitwillig, ohne zurückzuschauen oder zu wissen, wohin es ging, zu den beiden in ihr Auto.

Nach nicht enden wollender, fünfstündiger Fahrt, auf der er sich kaum zu rühren wagte, kamen sie in ein kleines, südlich von Hamburg gelegenes Dorf und dann in einen riesigen, herrlichen Garten. Zu seiner Begrüßung näherte sich aus dem Schatten zweier Apfelbäume sogleich eine große, alte Schäferhündin mit zwar noch etwas argwöhnischen, aber unendlich lieben Augen. Ufuk sagt, er war so außer sich vor Freude, dass er wie ein Irrer zu rennen begann, einfach so, immer nur im Kreis, denn er kannte sich ja nicht aus.

Die Schäferhündin hieß Sheila und muss nach seiner Beschreibung mit uns Katzen verwandt gewesen sein, denn sie hatte riesige, spitz nach oben stehende Ohren! Ich habe sie leider nicht mehr kennen gelernt, denn sie ist einen Monat vor meiner Ankunft hier im Haus der gestrandeten Seelen gestorben. Sie muss, nicht nur wegen ihrer Spitzohren, etwas ganz Besonderes gewesen sein und sehr, sehr weise.

Wir besuchen alle jeden Tag ihr Grab, und wer weiß, vielleicht höre ich irgendwann einmal ihre Stimme aus dem einen Himmel, in dem es keinen Unterschied mehr gibt zwischen Mensch und Tier und wo sich alle Wesen, die in Liebe verbunden sind, eines Tages – daran glaube ich ganz fest – einmal wiedersehen werden.

Ufuks Geschichte ereignete sich im Sommer vor zwei Jahren, zu einer Zeit also, als ich noch gar nicht geboren und Leopold im Alter von gerade mal fünf Wochen noch im seligen Reich kindlicher Ahnungslosigkeit war.

Leopold ...? Ach ja, Leopold ist der Name des eierschalenweißen Schlappohrhechlers. Und der hatte mir auch eine mitleidserregende Geschichte zu erzählen.

Ganz am Anfang sah es so aus, als stünde sein Leben unter einem wohlmeinenden Stern. Von seiner Mama wurde er zärtlich geleckt und gut genährt, und als es nach zwei Monaten Abschied nehmen hieß, um in einer neuen Familie auf eigenen Füßen zu stehen, schien er wieder Glück zu haben: Ein junges Paar kaufte ihn dem Züchter ab – wie das in Tieradelskreisen, anders als bei Straßenkötern und -katern, so üblich ist – und verhätschelte ihn wie ein Baby. Er kriegte das teuerste Halsband, eine Leine aus edelstem Leder, einen farblich auf sein Fell abgestimmten Korb und einen glitzernd blinkenden Fressnapf.

Sechs Monate lang ging alles gut. Dann kriegte sein Frauchen ein eigenes Menschenbaby, und von einem auf den anderen Tag war

Leopold nicht nur überflüssig, sondern er störte. Wann immer er sich dem neuen Rudelmitglied nähern wollte, um es zu begrüßen, wurde er mit barscher Stimme weggeschickt. Den lieben langen Tag musste er von nun an in seinem Designerkorb liegen, bis er sogar dort störte, und die Frau ihrem Mann befahl, den Hund mit zur Arbeit zu nehmen.

Der Mann, sein Herrchen, war Reitlehrer, und man könnte jetzt denken, ein Reitlehrer habe Tiere gern, weil er in seinem Beruf doch täglich von Pferden umgeben ist, aber Irrtum! Er setzte den kleinen Leopold einfach irgendwo in der großen Reitanlage ab und kümmerte sich bis zum Abend nicht mehr um ihn. Leos größte Leidenschaft aber ist rennen, und weil das alleine keinen Spaß macht und er sich auch nicht weit weg traute, ging er halt seiner zweitgrößten Leidenschaft nach, dem Fressen. In so einem Reitstall muss ein findiger und hungriger Hund nicht lange suchen. Überall stehen Säcke mit Möhren, Äpfeln und Brot, und schnell hatte er heraus, wo die Reiter die köstlichen Pferdeleckerlies aufbewahrten. Am Abend nahm sein Herrchen ihn wieder mit nach Hause, wo er bis zum nächsten Morgen wieder regungslos auf seinem Platz liegen musste.

Es ist nicht schwer zu erraten, was geschah: Leopold wurde dicker und dicker, und sein Halsband, das ihm, seit das Menschenbaby da war, niemand mehr abgenommen hatte, enger und enger. Es begann zu schnüren und zu schmerzen an seinem Hals, aber Leopold ertrug auch das in seiner gutgläubigen, tapferen Art. Natürlich blieb ihm auch nicht viel anderes übrig. Sicher, er hätte weglaufen können. Und dann? Wohin hätte er denn gehen sollen? Deutschland ist zwar nicht die Türkei, aber auch hier haben es herrenlose Tiere auf den Straßen nicht leicht. Ich weiß das.

Der Super-GAU aber, der furchtbare Tag, an dem sich sein Schicksal entscheiden sollte, kam erst noch. Ziemlich genau ein Jahr später hatte das Menschenbaby in Leopolds Familie begonnen, sich auf allen vieren – was bei Menschen allerdings nicht sehr elegant aussieht – fortzubewegen. Und es hatte immer wieder dasselbe Ziel: den Hundekorb. Nicht, dass das den Leopold gestört hätte, er war vielmehr ganz froh, dass sich wenigstens ein Familienmitglied um ihn kümmerte. Aber dann war das dem Menschenbaby zu langweilig, und es kniff dem arglosen Leo mit spitzen Fingernägeln kräftig und sehr schmerzvoll in die empfindliche Hundenase. Ohne zu überlegen, also genauso, wie die Menschen „aua" sagen, wenn sie sich weh getan haben, tat Leopold das, was eben Hunde in so einer Situation tun, nämlich knurren. Na ja, und was dann geschah, schildert Leopold in den grässlichsten Farben: Man schrie und schimpfte und schlug nach ihm, während die Frau das Kind fortriss, um es vor der ihm augenscheinlich nach dem Leben trachtenden, zähnefletschenden Bestie in Sicherheit zu bringen.

Von da an verging kein Tag, an dem die Frau nicht zeterte und kreischte, dass der kleine-Kinder-fressende Hund weg müsste, wohin, sei ihr egal, Hauptsache weg. Leopold musste alles mit anhören und konnte sich nicht einmal verteidigen. Stattdessen wurde er immer dicker und immer trauriger. Auch Menschen essen mitunter zu viel, wenn sie traurig sind, und kriegen Fettröllchen, die Kummerspeck heißen.

Ich glaube wirklich nicht, dass ich das alles ausgehalten hätte. Bestimmt wäre ich lieber davongelaufen. Aber Leo nicht. Er ist mehr der Typ obergeduldiger Alles-Verzeiher.

Wenn Hunde verzweifelt sind, beißen sie entweder oder leiden still vor sich hin. Wir Katzen sind da total anders.

Irgendwann jedenfalls war dem armen Leopold alles so egal geworden, dass er ohne zu zögern in das Auto einer fremden Frau einstieg, als diese ihn eines kalten Februarnachmittages auf der Reitanlage dazu aufforderte. Jede, aber auch wirklich jede Abwechslung war ihm recht, und wenn es nur eine kleine Ausfahrt war.

Die vermeintliche Spritztour endete eine gute halbe Stunde später auf einem winterlich verschneiten Hof. Und als sich die Autotür öffnete, wer kam da zur Begrüßung herangesprungen?

Ufuk natürlich, denn auch Leopold war nun glücklich im Haus der gestrandeten Seelen gelandet. Obwohl er das zu dieser Stunde noch gar nicht wissen konnte, schien er es doch zu ahnen, zumindest aber zu wünschen, denn als er nach fröhlichem Herumtollen und ob seiner Leibesfülle reichlich außer Atem in die warme Stube kam, legte auch er sich wie selbstverständlich auf Kathys Füße. Seinem früheren Leben hat er nicht eine Sekunde nachgetrauert, im Gegenteil. Manchmal ist es das Beste, sowohl scheußliche Erlebnisse als auch Menschen ganz schnell zu vergessen.

Heute ist Leopold ein schlanker, immer fröhlicher Hundejunge, und auch der tiefe Abdruck des viel zu engen Halsbandes ist längst nicht mehr zu sehen.

Er ist ein netter Kumpel, nur hat er ein echt schräges Hobby: Wenn es nach ihm ginge, könnte er nämlich Tag und Nacht wie ein Irrer hinter so einem blöden Ball herrennen, bloß um ihn hundertachtzigtausendmal zu apportieren. Ufuk, Nala und ich halten das für die reinste Energieverschwendung.

Obschon ich gestehen muss, dass ich in den allerersten Tagen nach meiner Ankunft genau das Gleiche gemacht habe. Okay, der Ball war etwas kleiner, aber ich habe ihn apportiert, was für einen Kater allemal etwas Besonderes ist. Ich musste es einfach tun, denn ich habe mich so doll gefreut hier zu sein, dass ich vor explosiver Freude sonst schier geplatzt wäre.

Inzwischen bin ich natürlich schon viel zu erwachsen für solche Spielchen. Leopold allerdings scheint niemals erwachsen zu werden. Es könnte aber auch sein, dass er bloß nie damit aufgehört hat, sich dermaßen explosionsartig zu freuen.

Jedes Wesen freut sich eben auf seine ganz persönliche Weise. Manche ganz leise, so, dass man kaum etwas davon merkt, und manche müssen jubeln und lachen und tanzen. Ufuk und Nala gehören eher zu der ersten Kategorie, Leopold und ich zu der letzteren. Im Herzen aber freuen wir uns alle vier genau gleich darüber, dass wir in dieser Familie gestrandet sind.

Ufuk und Leopold sind übrigens nicht nur in ihrer Art sich zu freuen ganz verschieden. Man könnte sagen, Ufuk ist der Intellektuelle unter uns – neben meiner Wenigkeit natürlich. Leo dagegen denkt zwar auch, aber immer an das Nächstliegende: Wo kriege ich was zu essen? Wo ist mein Ball? Wo sind Frauchen und die tierischen Geschwister? Und weil er sich eben auch über nichts Sorgen macht, kann er überall auf der Stelle einschlafen. Zack – hinlegen, zack – schlafen. Wir anderen brauchen da schon etwas länger, weil wir eben noch mit Nachdenken beschäftigt sind.

Nur Nala schläft auch ziemlich schnell ein, aber das liegt daran, dass sie meistens die ganze Nacht auf der Katzenpirsch ist, um Mäusen nachzustellen, und dann am Morgen natürlich todmüde nach Hause kommt. Ich finde das schade, denn ich würde zu gerne mit ihr herumrangeln, aber wenn sie müde ist, kann sie das nicht gut leiden. Manchmal lasse ich dann meinen katerlichen Charme spielen, umarme sie, lecke ihre Stirn und schnurre ihr Zärtlichkeiten ins Ohr. Damit kann ich sie meistens etwas hinhalten, bevor sie sich endgültig verzieht – so sind die Frauen eben. Als Mann kann man das nicht früh genug lernen.

Aber zurück zu den beiden Schlappohrhechlern, die mir inzwischen zu echten Brüdern geworden sind. Um also ihren unterschiedlichen Charakter zu verstehen, muss man sich nur einmal vorstellen, unser schönes Haus sei – was der Gott aller Kreatur verhüten möge – in Brand geraten, und alle Menschen und Katzen lägen mit einer Rauchvergiftung bewusstlos auf Sofas und Betten verteilt – was wir sonst ja auch tun, nur eben nicht bewusstlos.

Ufuk, unser Hundeakademiker, würde sekundenschnell überlegen und dann loslaufen, um Hilfe zu holen. Leopold aber, die arglos treue Seele, würde an unserer Seite verharren und uns selbst dann nicht verlassen, wenn wild lodernde Flammen über uns allen zusammenschlügen. Wie alles, was er tut, wäre auch das wirklich gut gemeint von ihm – nur würde es halt nicht ganz so viel nützen.

Weil Leopold so arglos ist, merkt er mitunter auch gar nicht, dass er etwas Verbotenes tut. Einmal, im Sommer, war er einem Vogel auf der Spur und hatte sich dabei total in einem großen, wunderschön blühenden Rosenstrauch verfangen. Ich dachte nur: oh weia, das gibt Ärger, und Kathy holte auch gerade schon tief Luft, da knackte und knirschte es ein letztes Mal im Gebüsch, und Leopold erschien, das Fell voller abgerissener Blätter und dorniger Zweige und im Maul ... eine langstielige dunkelrote Rose. Dazu ein passender unschuldsvoller Blick aus feuchten, dunkelbraunen Reh-, äh, Hundeaugen – wer würde bei diesem Anblick nicht zerschmelzend

auf die Knie sinken. Kathys tadelnder Gesichtsausdruck jedenfalls wandelte sich zu einem verzückten Lächeln, und ich als werdender König der Stubentiger muss ehrlich sagen: Chapeau! Ein beeindruckender Auftritt! Auch wenn dieser dem lieben Leopold sozusagen bloß so herausgerutscht ist.

Ufuk hätte die ganze Sache nicht nur völlig anders angepackt, er wäre erst gar nicht in so eine Situation hineingeschliddert. Er ist wirklich ein feinsinniger Überleger und geht Unannehmlichkeiten vorausschauend und überaus vorsichtig lieber aus dem Weg.

Ich glaube, wenn er das nicht so perfekt gelernt hätte, wäre er den gefährlichen Straßen seiner türkischen Heimat niemals lebend entkommen. Deshalb wirkt er auch oft ein wenig distanziert, beinahe abweisend. Doch wie sehr er Nähe und Wärme sucht, sehe ich jeden Mittag und jeden Abend, wenn er sich zum Schlafen ganz zart an Kathys Seite kuschelt, der einzigen Person nämlich, der er so richtig vertraut.

Tierisch gesehen ist das aber noch nicht alles.

An unserem Haus befindet sich ein kleiner Stall, und dort wohnen drei riesige Tiere, die ohrenmäßig betrachtet ebenfalls zur Familie der Katzen gehören müssen.

Ihre Riesenlöffel stehen spitz nach oben und sind sogar noch beweglicher als die unsrigen, denn sie können komplett um die eigene Achse gedreht werden. Phantastisch. Vielleicht kriege ich das mit entsprechender Übung ja auch noch hin. Zunächst mal habe ich aber lieber einen gebührenden Sicherheitsabstand zu diesen Riesen eingehalten, denn wenn die mit nur einem ihrer insgesamt zwölf Quadratlatschen einen winzigen, unbedachten Schritt zu viel machten, wäre ich platt wie eine Flunder.

Pferde heißen diese Tiere, und sie stellten sich mir – in sicherer Entfernung – vor als Damaris, Aimée und Gigi. Den Umgang mit großen Tieren mittlerweile gewohnt, grüßte ich sie staatsmännisch galant zurück. Immerhin machen diese drei nicht den Eindruck, uns Katzen absichtlich nach dem Leben trachten zu wollen. Trotzdem sollte man als ein vom Gott der Körpergröße Benachteiligter lieber auf der Hut sein, diesen Vierhufern nicht versehentlich unter selbige zu geraten.

Damaris, die braune Stute, ist methusalemartige fünfundzwanzig Jahre alt, ein Alter, das wir Vierpföter niemals erreichen können. Sie ist somit unsere Familienälteste, und ihr gebührt höchster Respekt.

Die dunkelbraune Aimée ist ihre Tochter und wie Ufuk eine echte Angeberin, die aber beim leisesten Rascheln im Gebüsch das Fracksausen kriegt und die Erste ist, die sich aus dem Staub macht. So ist das ja meistens: die mit der größten Klappe sind zugleich die größten Angsthasen. Nur ich bin da eine Ausnahme. Ich bin mutig *und* riskiere eine dicke Lippe.

Gigi, die Dritte im Bunde, ist eine kleine, vollschlanke Haflingerin und heißt in Wirklichkeit Gilde. Da wir alle den Namen, wie unser

Akademiker Ufuk es nennen würde, suboptimal finden, haben wir ihn kurzerhand in Gigi abgewandelt. Eigentlich hat Gigi ein rundum sonniges Gemüt, das wie Nalas selten aus der Ruhe zu bringen ist. Eigentlich. Denn auch, wenn unsere drei muskelbepackten Pferderiesen im Gegensatz zu uns kleinen, gebeutelten Vierpfötern eine durchweg behütete Kindheit hatten, geriet ihre heile Pferdewelt in diesem Sommer ganz schön ins Wanken.

Auf diesem unserem Fleckchen Erde sind wir nämlich nicht die einzigen Tiere. Es leben hier außer den bereits erwähnten, uns Katzenherzen erfreuenden Mäusen, zahlreiche Vögel, Kaninchen und

Rehe, und nebenan, in einem riesengroßen Stall, neunzig Kühe und einhundertundzehn Kälber. Diese ebenso großen wie trägen Gesellen mit schwarz-weiß geflecktem Fell und schwabbeligen Eutern sind völlig harmlos und meistens mit Fressen, Wiederkäuen und Milchgeben beschäftigt.

Eines schönen Sommertages nun ließ der Bauer seine Kühe erstmals wieder auf die Weide. Unsere drei nichts ahnend auf der benachbarten Wiese grasenden, superwelterfahrenen Pferdedamen, die bis zum Frühling noch in einem entfernten, insbesondere kuhlosen Reitstall gewohnt hatten, waren fassungslos. Ja, es ist nicht übertrieben zu sagen: sie rasteten komplett aus. Verbohrt in ihre Fluchtgedanken, galoppierten sie Tag für Tag in höchster Aufregung und Gangart unaufhörlich am Zaun entlang. Dabei merkten sie überhaupt nicht, dass am übernächsten Tag gar keine Kuh mehr zu sehen war, weil der Bauer sie nämlich im Stall gelassen hatte.

Ich muss sagen, Pferde können reichlich bescheuert sein. *Mir* wäre so was nie passiert. Okay, ich gebe zu, ich rege mich auch manchmal auf, und diese Kuherscheinungen kannte ich auch noch nicht, aber ich käme doch nie auf die Idee, hemmungslos zu rennen, bis vor Erschöpfung der Schweiß in Strömen fließt. Wir Katzen schwitzen generell nicht gern und wissen unsere Kräfte in *jeder* Lage durchaus energiesparend einzuteilen. Der Rückzug in ein Versteck ist bei Gefahr zweifellos die bequemere Variante.

Und auch, wenn auf der Weide kein wirklich passendes Versteck zu finden war, hätten diese Riesen-Dummköpfe sich ja in ihre Boxen verziehen können, aber das taten sie auch nicht, weil mittlerweile bereits das kläglichste „Muh", das sie bislang für völlig normal gehalten hatten, sie bis ins Mark erzittern ließ. Vor lauter Schlotterei vergaßen sie sogar das Fressen. Und *das* wäre mir schon gar nicht passiert! Zwei Wochen später waren sie vor lauter Rennen und Zittern und Fasten ziemlich dünn und Kathy angesichts ihres erbarmungswürdigen Anblicks ein beinahe ähnlich schlotteriges Nervenbündel geworden.

Endlich nahte Rettung in Gestalt eines männlichen (sag ich doch!) Pferdekumpels namens Fidel, der sich sympathischerweise deutlich mehr fürs Fressen als für Kühe interessierte. An seiner Seite pirschte sich Aimée bibbernd und widerstrebend ganz dicht an die verständnislos glotzenden Schwarzweißlinge heran und konnte es nicht fassen, dass Fidel sich im Angesicht drohendster Gefahr seelenruhig dem fetten Gras hingab. Mehrfach zwickte sie ihn in den Po, um ihn zu warnen, aber er ließ sich nicht stören. Und als sie dann, endlich, das erste Mal genauer hinguckte, da sah sie, dass die vermeintlichen Schreckensmonster ganz zutrauliche, liebe Typen sind, vor denen wirklich niemand davonlaufen muss. Sie erzählte den beiden anderen davon, und zu guter Letzt war die liebe Pferdewelt wieder in Ordnung.

Ich musste innerlich ein wenig grinsen, als ich diese Geschichte hörte, denn genauso war es mir mit den Schlappohrhechlern ja auch ergangen.

Und nicht nur mir allein. Ob Straßenkater oder Straßenköter, starkes Ross oder, ja, sogar intelligenter Mensch – Angst vor großen Tieren hatten wir wohl alle schon mal. Aber ich als der Kleinste, ich sage euch: Schaut nach dem ersten Schreck einfach von nahem noch einmal genauer hin. In den allermeisten Fällen werdet ihr feststellen, dass eure Angst total umsonst war.

Heute leben wir alle miteinander furchtlos und glücklich auf unserem kleinen Hof. Klar bin ich der spitzohrigste Schlaukopf von allen und tanze gelegentlich mal über Tische und Schränke, aber wenn man das Leben genießen und eines Tages ein richtiger Königstiger werden will, dann kann man halt nicht immer nur brav sein.

Und wenn jeder Füßler, Pfötler und Hufler genau so eine aus liebevollen Freunden zusammengewürfelte Familie hätte wie wir, dann bräuchte sich auch niemand auf der ganzen Welt mehr vor irgendetwas zu fürchten.

Das könnt ihr ruhig weitersagen.

Euer Simba

Juli 2007

PS: Heute bin ich ein Jahr alt geworden.

Auf den Tag genau weiß ich das natürlich nicht, aber hier auf unserem Hasselhof bekommt jede gestrandete Seele, deren Eintritt in diese Welt ebenso wenig von Interesse war wie ihr weiteres Schicksal, einen ganz eigenen Geburtstag zugeteilt.

Wir alle führen ein wunderbares, unbeschwertes Leben, das wir in unseren kühnsten Träumen niemals für möglich halten konnten. Nur mein Plan, einstmals der größte aller Tiger zu werden, ist leider nicht ganz aufgegangen. Ja, ich muss zugeben, mit meinen knappen viereinhalb Kilogramm Körpergewicht hat es noch nicht einmal zum größten aller Hasseler Stubentiger gereicht. Aber ich mache das wett, sage ich euch, denn was Geist, Intellekt, Mut, Wendigkeit und Draufgängertum angeht, kann mir heute niemand, ganz gleich, ob Katze, Hund, Pferd oder Mensch, mehr das Wasser reichen.

Nun ist diese für jedermann offensichtliche Tatsache allein natürlich kein Grund für ein Nachwort. Vielmehr ist mein Anlass, an dieser Stelle noch einmal das Wort zu ergreifen, die Ankunft einer weiteren gestrandeten Seele in unserem Haus, die jetzt ebenfalls zur Familie und natürlich vorgestellt gehört.

Eigentlich hatten Kathy und Julius, unsere Futterbeschaffer, Zärtlichkeitenverteiler und Entertainer, bereits einen Aufnahmestopp verhängt, weil für unser aller Streicheleinheiten auch einfach genug Hände da sein müssen, als sie vor drei Monaten von dem ergeifenden Schicksal eines Katers in der Zeitung lasen. Sein schneeweißes, sorgenvolles Gesicht schaute dort bereits zum zweiten Mal flehend in Millionen Leseraugen und fragte: „Warum will mich denn keiner?"

Lonely Lehmann war sein Name, und der passte leider nur zu gut zu seiner traurigen Geschichte:

Als er vor vier Jahren irgendwo in Hamburg geboren wurde, begann sein Leben zunächst recht vielversprechend. Er lebte in einem Haus mit Garten, wurde gut gefüttert und versorgt, bis sein Glück mit dem Tode seines Herrchens allzu bald jäh endete. Die Kinder des Mannes nahmen dessen Erbe gerne an – nur für Lonely Lehmann, der damals noch einen anderen, nicht so traurigen Namen trug, war auf einmal kein Platz mehr. Kurzerhand wurde er in das große, ständig überfüllte Tierheim der Stadt gesteckt.

Dort saß er dann in einem Käfig mit vielen anderen verlassenen Katzen und verstand die Welt nicht mehr. Er hatte doch nichts verbrochen und wurde weggesperrt wie ein Schwerverbrecher.

Da passierte es, dass innerlich etwas in ihm zerbrach, während er monatelang darauf wartete, dass die Gittertür auch für ihn noch einmal aufgehen möge. Doch die meisten Menschen, die vorbei kamen, um ein Tier aufzunehmen, interessierten sich bloß für die ganz jungen Kätzchen und streiften ihn höchstens eines mitleidigen Blickes.

Eines Tages aber schien sich das Blatt zu wenden. Ein junges Mädchen suchte sich aus der ganzen Katzenschar tatsächlich den Lehmann aus, der jubelnd bereit war, dem Schicksal noch einmal zu vertrauen. Doch wieder sollte er bitter enttäuscht werden. Das Mädchen sperrte ihn mit einem anderen großen Kater in ihre Zweizimmerwohnung, in der sie selbst sich kaum aufhielt, da sie mit

ihren siebzehn Jahren nach der Arbeit viel lieber ausgehen und sich vergnügen wollte. Lonely Lehmann saß also wieder in einem Gefängnis, wo er Tag für Tag und Nacht für Nacht niedergeschlagen aus dem Fenster blickte.

Das unbarmherzige Schicksal aber hatte immer noch nicht genug. Irgendwann wurden dem Mädchen die beiden Kater lästig und sie brachte sie einem anderen Tierschutzverein, in dessen Kellerraum Lehmann nun vor einem neuen Gitterfenster hockte, das ihn von einem Leben in Freiheit, von weichem Gras, singenden Vögeln und huschenden Mäusen trennte. Und von einem Wesen, das ihn vielleicht einmal wirklich lieb haben könnte.

Ich glaube, er muss seine Tränen gleich literweise verschluckt haben, weil wir Tiere ja nur nach innen weinen können.

Doch so schrecklich seine Lage auch war, Lehmann hatte Glück im Unglück. Die Leiterin des kleinen Tierheims hatte Mitleid mit ihm und scheute keine Kosten, seinen Hilferuf gleich zweimal in die Zeitung zu setzen. Und den lasen Kathy und Julius und konnten einfach nicht anders, als den armen Kerl nach Hause zu holen, der seit diesem glücklichen Tage natürlich Lucky Lehmann heißt.

Wir nennen ihn alle jedoch *Herr* Lehmann, denn er ist so groß und so schön mit seinen getigerten Flecken im leuchtend weißen Fell, und er hat so was Distanziertes, weil er das Vertrauen in seine Mitgeschöpfe ja erst wieder ganz neu lernen muss.

Ich gestehe, am ersten Tag war ich von seiner Körpergröße schon einigermaßen beeindruckt und nicht so sicher, ob der mich jetzt nicht einfach platt macht. Immerhin wiegt er fast das Doppelte von meiner schlauköpfigen Wenigkeit. Allerdings weiß man schon seit Napoleons Zeiten, dass wahre Größe innerlich wohnt, und das bestätigte sich in diesem Falle höchst eindrücklich: Der Lehmann nämlich ist zwar supergroß, aber sooo ein Schisser! Ein klitzekleines, rein prophylaktisches Fauchen von mir, und dem wurden schon die Knie weich. Ganz zu schweigen von seinem Geschlotter beim Anblick der Hunde und der Pferde.

Wenn man allerdings bedenkt, dass er beinahe drei Viertel seines Lebens von der Außenwelt isoliert war, fällt es wahrlich nicht schwer, das zu verstehen.

Jedenfalls hab ich mich dann mal seiner angenommen und ihm ein bisschen die Gegend gezeigt und wie das hier so läuft. Und der Riesenknabe ist auch ganz brav hinter mir hergetrabt. Dem werde ich schon noch beibringen, dass in unserer Familie aus lauter Freunden niemand mehr Angst haben muss, egal wie groß oder klein, wie spitz-, flach- oder schlappohrig einer auch sein mag.

Allein wir drei Katzen sind ja schon komplett unterschiedliche Typen:

Herr Lehmann, das schüchterne Weichei, das man für alles und jedes an die Pfote nehmen muss, Nala, die schöne Aristokratin mit dem angeborenen unerschütterlichen Selbstbewusstsein, und ich natürlich, der intellektuelle Wissenschaftler mit der Vorliebe für weiche Federbetten und unumstrittener Chef dieser ganzen Hasselbande.

Inzwischen hat Herr Lehmann sich schon ziemlich gut eingelebt, wenn er auch immer noch ein wenig schüchtern und leicht zu erschrecken ist. Drei schöne Monate können drei schreckliche Jahre eben nicht so einfach wettmachen. Aber wir werden ihm beweisen, dass er sich auf uns alle verlassen und uns vertrauen kann. Sogar Ufuk, unser türkischer Straßenköter, der in seiner Jugend nichts anderes kannte als Angst und Hunger und Schmerzen, hat gelernt, Vertrauen zu fassen. Und eines Tages wird auch Herr Lehmann wieder fröhlich sein können, das weiß ich, denn er sucht immer mehr unsere Nähe.

Das Zusammensein gibt uns Halt und macht uns stark und mutig und unbeschwert. Auch wenn in den ehemals so arg verletzten Seelen natürlich Narben bleiben, die man immer noch sehen kann, wenn man ihnen ganz tief in die Augen schaut.

Gerade kommen die Pferde von ihrer Weide nach Hause, und wir wollen jetzt alle zusammen in den Stall gehen und beim Füttern „helfen".

Und unser ewig hungriger Leopold wird sich wie jeden Abend mit weit geöffneter Schnauze unter Aimées Boxenfenster stellen, in der berechtigten Hoffnung, eine Möhre möge aus ihrem Maul direkt in das seine fallen. Anschließend kuscheln sich die drei Stuten dann behaglich ins Stroh und wir anderen in unsere Betten, um von einem neuen, herrlichen Tag zu träumen.

Mit Herrn Lehmann ist unsere Familie also komplett, und ich will mich nun verabschieden.

Vorerst zumindest. Denn trotz aller gegenteiliger Beteuerungen: Ich für meinen Teil hege so meine leisen Zweifel, dass das aller-allerletzte Wort hiermit gesprochen ist … …

Euer Simba

PS PS: Kalimera, ihr Lieben!

Ziemlich genau ein Jahr ist es jetzt her, seit für Herrn Lehmann der Aufnahmestopp ein letztes, ein allerletztes Mal gelockert wurde, und wie ihr seht, lerne ich gerade Griechisch – aus gegebenem Anlass. Was tut man nicht alles, um sich verständlich zu machen, genauer gesagt, um sehr unzweideutig seinen angestammten und wohlverdienten Thron zu verteidigen.

Der gegebene Anlass hat nämlich vier flauschige Beinchen, mindestens eine Million Löckchen von derselben cremig-weißen Farbe wie Leopolds Fell und auch ebensolche goldenen Schlappohren, ist dabei aber nur so groß wie der Lehmann und in derselben Alters- und Gewichtsklasse wie ich. Dieses weiße Lockenbündel mit Augen so groß und so pechschwarz wie seine Nase, diese gekrauste Leopoldsche Miniaturausgabe also, ist tatsächlich ein Hund, um präzise zu sein: ein Hundemädchen, kommt aus Zypern und spricht eben bloß Griechisch und ein klein wenig Englisch.

Na ja, und wie es so Weiberart ist, fing die gleich am ersten Tag an, hier alle mit ihrem zuckerschnütigen Charme um den Finger wickeln zu wollen.

Die beiden Hundejungs waren natürlich beeindruckt (Ufuk als Türke hatte zwar Vorbehalte, schmiss die aber recht flott über den Haufen), von den Menschen ganz zu schweigen, aber dass Herr Lehmann sie ganz entzückend fand und Nala sie sogar völlig hingerissen abschlabberte, hat mich denn doch einigermaßen verblüfft. Wir Katzen sollten gemäß unserer naturgegebenen, uns von den Hunden eben unterscheidenden aristokratischen Wurzeln etwas mehr Contenance an den Tag legen. Finde ich.

Gut, es kann natürlich auch sein, dass ich, mal international gesprochen, „not amused" darüber war, dass das Lockenköpfchen, das auf seinen neuen Namen „Josie" noch gar nicht hörte, schon am ersten Abend ausgerechnet auf *meinem* Stammplatz im Bett lag.

Ende März waren die Nächte noch von einer Kühle, die mich diesen wärmenden Platz an Kathys und Ufuks Seite deutlich bevorzugen ließen. Just aber, als ich mit elegantem Sprung einfliege und mich gemütlich niederlassen will, liegt genau dort zu meinen Pfötchen dieses zypriotische Lockenschlappohr in unerweckbarem

Tiefschlaf. War ich sauer! Bei aller gepriesenen weltbürgerlichen Kameradschaft, ein *paar* Regeln müssen schon eingehalten werden – vor allem, was meine Bequemlichkeit und meine Privilegien anbetrifft. Chef bleibt Chef.

Das geht ja gar nicht!, dachte ich missmutig, zog vorerst in den neben dem Bett stehenden Schaukelstuhl um und beschloss, umgehend Griechisch zu lernen, um dieser respektlosen Minischlapp-öhrin mal ein paar deutliche Takte zu erzählen. Morgen. Oder vielleicht übermorgen.

Zugegeben, der lammfellgepolsterte, mit wollener Decke ausgelegte Schaukelstuhl ist auch kein schlechtes Plätzchen, aber hier geht es ums Prinzip, und das heißt: Wo Simba schläft, haben sich die anderen hinten anzustellen. Machen auch alle – sogar Kathy rutscht nächtens schon mal bis quer über das Kopfkissen, wenn es die Lage erfordert – bloß dieses augenaufschlagende und schnütchenziehende Lockenknäuel nicht.

Wir werden ja sehen, dachte ich und begrüßte die Neue fortan bei jeder Begegnung mit einem meiner prächtigsten Buckel, die mich, wie mir mein Spiegelbild im Waldteich nach einigen Exerzitien untrüglich bewies, ausgesprochen muskulös und gewaltig aussehen lassen.

Doch ich hatte diese gelockte Südländerin glatt unterschätzt: Ganz nach durchtriebener Frauenmanier ignorierte die mich einfach! Ließ mich stehen und tat – schönster Buckel hin oder her – als sähe sie mich gar nicht! Das war dann schon irgendwie peinlich, so unverrichteter Dinge und ohne, dass ein Grund auch nur im Entferntesten ersichtlich war, diese so imposante wie überflüssige Drohgebärde langsam und möglichst unauffällig wieder einzuziehen. Lockenköpfchen hatte mir nicht nur allen Wind aus den Segeln genommen, sondern den Spieß auch noch umgedreht: Jetzt sah *ich* wie das übertrieben reagierende Weichei aus, und das machte sie mir – nach dem misslungenen Einstand auf meinem Bettstammplatz – nicht gerade sympathischer.

Ich ließ das also lieber mit der Buckel-Strategie und setzte nun meinerseits auf Ignoranz. Klappte aber auch nicht. Denn jetzt näherte sich mir dieses zuckerschnütige, aber auch ganz schön verwegene Etwas und fing an, auf – nun ja, ich muss zugeben – ganz rührende Weise meinen Bart zu lecken. Was soll ich euch sagen: Es gelang ihr, mein Tigerherz so zu erweichen, dass ich mich hinsetzte und mit zusammengekniffenen Augen ihre Geschichte anhörte, die sie mir schüchtern ins Ohr flüsterte:

Vor fast anderthalb Jahren, man schrieb den Oktober 2006, war die kleine Josie erst wenige Wochen alt, ein auf Zypern geborenes Pudelmischlingsbaby, dessen mensch sich auf grausamste Weise entledigen wollte, indem er sie über eine Mauer in einen fremden Swimmingpool warf. (Das kam mir irgendwie bekannt vor – etwa zur selben Zeit war *mein* Swimmingpool die Rushhour von Buxtehude). Hier wäre sie, des Schwimmens, wenn überhaupt, so gewiss nicht sehr lange mächtig, zweifellos qualvoll ertrunken, wenn eine betagte englische Lady, der Haus und Pool gehörten, sie nicht zufällig gefunden und herausgefischt hätte. Die Lady gewährte dem zitternden Welpchen Unterkunft in ihrem Haus, über ein Jahr lang, doch richtig gekümmert hat sie sich wohl nicht, denn am Ende gab sie die kleine Josie völlig verfilzt und klapperdürr im „Paws dog shelter", einem Tierheim ab. Tierliebe Menschen haben dieses Asyl auf Zypern aufgebaut und seither zahllosen ungewollten, weggeworfenen und dem Tode geweihten Hundeseelen Schutz und Obhut gegeben.

Aber wie wir ja alle erfahren mussten, ist auch im besten Tierheim das Leben kein Leben, und die Sehnsucht bleibt groß nach einem richtigen Zuhause. Nach Liebe, die so viele von uns Gestrandeten niemals kennen gelernt haben.

Josie hat sie nun endlich gefunden. Bei uns in Hassel! Der Verein „Zypernhunde" half, und ein Hamburger Reeder mit riesengroßem

Hundeherz und beinahe ebenso großem Privatflugzeug nahm sie und fünf ihrer Leidensgenossen mit an Bord, wo sie auf dem Schoß des Piloten sitzend in ihre ferne neue Heimat fliegen durfte.

Und zu der gehöre ich natürlich auch. Ich habe längst verstanden, dass ihr kesses, vorlautes Wesen bloß vorgetäuscht und einfach nur ihre Art ist, mit Angst und Unsicherheit und schrecklichen Erinnerungen umzugehen. Jeder tut das eben auf seine Weise, und Josie auf die ihre. Sie ist eine ganz weiche, zarte, kleine Kämpferseele, und hat – wie sie mir in intimen Gesprächen glaubhaft versicherte –

überhaupt kein Interesse daran, mir den Platz, geschweige denn meinen Thron streitig zu machen. Sie will mich – und uns alle hier – nur als Freunde und Kumpel, und das kann sie haben!

Um ganz ehrlich zu sein, finde ich sie für einen Minischlappohrhechler und trotz bürstenresistenter, nach seltsamen Grabungen recht eingeschlammter Zottelfrisur eigentlich ganz reizend, und in Kathys Bett ist neben Ufuk ja auch für uns beide noch Platz.

Ich komme ohnehin erst wieder im Winter dazu oder bei allzu schlechtem Wetter, denn wenn die Tage lang und die Nächte lau und flirrend lebendig sind, hab' ich kaum Zeit zu schlafen, dann muss ich auf die Pirsch – ganz nach uralter, aristokratischer Katzenart.

Doch wenn der Herbst kommt und die ersten Feuer wieder im Kamin prasseln wie der Regen gegen die Scheiben, dann freue ich mich darauf, mich gemeinsam mit allen anderen hier gestrandeten Seelen und unseren geliebten Menschen behaglich einzurollen und zu wärmen.

Vor uns liegt nun aber erst einmal ein langer, wundervoller Sommer, der alle Lebensgeister erfrischt, sogar die unserer Familienältesten, der inzwischen siebenundzwanzigjährigen Stute Damaris, und der die Schrecken der Vergangenheit mit satten, bunten Farben übertüncht. Wir werden sehen, was – und wen !? – er noch alles für uns bereithält.

Ja, die Geschichten wiederholen sich, und überall auf der Welt gibt es noch viel zu viel Not und Angst, Grausamkeit und Leid. Aber solange gute Herzen schlagen und Mitgefühl in Taten verwandeln, solange liebende Augen sich nicht verschließen und wärmende Arme sich ausstrecken, solange wird es immer Hoffnung geben. Denn auch das lehren diese gestrandeten Schicksale uns und euch alle:

In welch dunklem, scheinbar ausweglosem Käfig ihr auch sitzen möget, ihr Pfötler, Hufler und Füßler, ihr Schlapp-, Spitz- und Flachohrler dieser Welt, vertraut darauf, dass der Tag kommen wird, da auch für euch die Tür aufgeht zu einem Paradies, das alle Pein vielleicht nicht ganz vergessen, aber in weite, weite Vergangenheit versinken lässt. Ein Plätzchen, wonach wir uns doch alle gleichermaßen sehnen. Wo wir springen und tanzen, rennen und toben, uns anlehnen, kuscheln und wärmen können. Wo wir Achtung und Liebe empfangen und aus unseren großen Herzen weitergeben dürfen.

Ufuk, Leopold und Josie, Nala, Herr Lehmann und meine klug-scheißerliche Wenigkeit haben unser Paradies gefunden, nachdem so mancher von uns die Hoffnung schon fast aufgegeben hatte.

Unser aller Geschichten beweisen euch, dass man niemals aufgeben muss, niemals! Die Hoffnung am allerwenigsten.

In diesem Sinne: Kalinichta Freunde!
Euer Simba

DANKSAGUNG

Ich danke meiner Co-Autorin Katharina Kampen schnurrend dafür, dass sie meine Geschichte von der Katzen- in die Menschensprache übersetzt und zu Papier gebracht hat.

Ein katerliches Dankeschön geht auch an Julius, der uns dabei half, die Tücken des Computers zu überwinden.

Meine tierischen Geschwister und ich haben in den beiden unendlich liebevolle Zuhörer und Beschützer, und unser größter Wunsch ist es, dass wir niemals getrennt werden.

In Liebe,

Simba